Dieses Buch gehört:

★———————————————————————★

Copyright © Parragon Books Ltd
Text: Beth Roberts, Illustrationen: Caroline Jayne Church

Alle Rechte vorbehalten. Die vollständige oder auszugsweise Speicherung, Vervielfältigung oder Übertragung dieses Werkes, ob elektronisch, mechanisch, durch Fotokopie oder Aufzeichnung, ist ohne vorherige Genehmigung des Rechteinhabers urheberrechtlich untersagt.

Copyright © für die deutsche Ausgabe

Parragon Books Ltd, Queen Street House, 4 Queen Street, Bath, BA1 1HE, UK

Übersetzung: Inga-Brita Thiele, Köln
Redaktion und Satz: trans texas GmbH, Köln

ISBN 1-40546-500-X

Printed in China

Ich habe einen Schutzengel

Eine Geschichte von Beth Roberts mit Bildern von Caroline Jayne Church

Luzie war ein hübsches kleines
Mädchen, das mit seiner Mama,
seinem Papa und seinem
kleinen Bruder Max
zusammenlebte.

Luzie hatte strahlende
Augen, kastanienbraune
Haare und rosige
Wangen. Sie sah so
lieb und süß aus wie
ein kleiner Engel,
aber sie benahm sich
nicht immer so.

Manchmal konnte Luzie auch sehr, sehr ungezogen und gar nicht süß und lieb sein!

Eines Tages war Luzie so ungezogen wie noch nie.
Morgens beschloss sie, mit ihren Spielsachen zu spielen. Luzie holte zuerst alle ihre Puppen heraus, dann packte sie alle ihre Buntstifte aus. Als Nächstes kramte sie ihre Bauklötze hervor und schließlich ihr Teeservice.

Bald hatte Luzie alle ihre Spielsachen aus der Spielzeugkiste geräumt und über den ganzen Boden verstreut.
Bis zum Mittagessen hatte sie eine riesige Unordnung gemacht.
„Räum jetzt bitte auf, Luzie", sagte ihre Mama.
„Nein!", antwortete Luzie. „Will ich nicht!"
Also räumte ihre Mutter alles weg.

Am Nachmittag kam Luzies Oma zu Besuch. Sie freute sich sehr auf Luzie und Max.
„Luzie, bitte gib deiner Oma einen Kuss zur Begrüßung", sagte ihre Mama. Aber Luzie rannte in den Garten.
Da saß sie eine Weile ganz allein, bevor sie wieder zum Haus zurückschlich.

Luzie guckte durch das Fenster und sah, dass die anderen Kuchen und Plätzchen aßen. Wäre sie doch bloß nicht so frech gewesen. Wenn sie sich entschuldigen würde, könnte sie mit den anderen zusammen Kuchen essen. Aber sie wollte sich nicht entschuldigen, weil sie zu sehr schmollte.

Am Abend, nachdem ihre Oma nach Hause gegangen war, wollte Luzie wieder spielen.
„Spiel bitte leise, Luzie", sagte ihre Mutter. „Max schläft."
Aber Luzie fing an, wild auf dem Boden herumzuhüpfen.
STAMPF! STAMPF! STAMPF! machten ihre Füße dabei.

Da wurde Max wach und begann zu weinen.
„Sei ruhig, Max", befahl Luzie.
Sie schnitt ihm eine Grimasse. Da weinte Max noch lauter.
„Luzie, sei bitte lieb zu Max", sagte ihre Mama,
als sie sah, was Luzie machte.
Luzie steckte ihr frech
die Zunge raus.

Als ihre Mama sie an dem Abend ins Bett brachte und ihr einen Gutenachtkuss gab, fühlte sich Luzie gar nicht gut. Sie dachte an all die ungezogenen Dinge, die sie gemacht hatte. Luzie hatte keinen besonders guten Tag gehabt, und jetzt wünschte sie sich, sie könnte alles wieder gutmachen.
Aber bald wurden ihre Augenlider ganz schwer, und einen Augenblick später war sie schon eingeschlafen.

Es war mitten in der Nacht, und Luzie träumte.
Plötzlich erfüllte ein seltsames Leuchten das Zimmer. Luzie machte die Augen auf – und da, neben ihrem Bett, schwebte ein wunderschöner Engel. Der Engel hatte ein freundliches Gesicht, schimmernde Flügel und war in ein goldenes Licht getaucht.

„Hallo, Luzie", lächelte der Engel.
„Hab keine Angst. Ich weiß, dass du ein bisschen traurig bist. Ich bin gekommen, um dir zu helfen."

„Wer bist du?", flüsterte Luzie.
Der Engel lächelte. „Ich bin dein Freund", sagte er.
Der Engel setzte sich zu Luzie.

„Lass uns mal nachdenken, was du heute gemacht hast, und wie wir es hätten besser machen können", sagte der Engel.
„Spielzeug wegzuräumen, macht keinen großen Spaß, oder?"
Luzie schüttelte den Kopf.

„Aber wenn du nicht aufräumst, können andere über das Spielzeug stolpern und sich wehtun", sagte der Engel. Luzie lächelte. „Ich möchte Mama helfen. Von jetzt an versuche ich, meine Sachen wegzuräumen."

„Deine Oma wäre glücklich, wenn du etwas Zeit mit ihr verbringen würdest. Ihr könntet toll zusammen spielen", fuhr der Engel fort. „Und denk mal an die Leckereien, die Oma für dich macht." „Eigentlich wollte ich gar nicht vor Oma wegrennen", sagte Luzie.

„Und was ist mit Max?", fragte der Engel.
„Wenn du ihn schon aufweckst, warum
versuchst du ihn nicht lieber zum Lachen
zu bringen als zum Weinen?"
Luzie nickte froh. Das war eine gute Idee.
Eigentlich wollte sie Max gar nicht ärgern.
Sie fühlte sich schon viel besser.

Der Engel brachte Luzie wieder ins Bett und strich ihr ganz sanft übers Gesicht.
„Ich wünschte, ich könnte eines Tages so ein schöner Engel sein wie du", flüsterte Luzie.

Der Engel lächelte. „Um ein Engel zu werden, musst du sehr lieb sein", antwortete er. „Aber ich bin sicher, du schaffst das, wenn du es wirklich versuchst."

Luzie nickte.
„Ja, ich glaube, das kann ich", sagte sie. „Ich werde von jetzt an viel netter sein", versprach sie.

Als Luzie am nächsten Morgen aufwachte, erinnerte sie sich an den Besuch des Engels.
„Heute will ich anders sein", dachte sie.
„Ich werde versuchen, den ganzen Tag lieb zu sein."

Am Vormittag spielte Luzie mit ihren Spielsachen.
Sie machte wieder ein großes Durcheinander.
„Räum jetzt bitte auf, Luzie", sagte ihre Mama.
Luzie wollte schon den Kopf schütteln und nein sagen.

Aber dann fiel ihr wieder ein, was der Engel zu ihr gesagt hatte.

Es wäre nett, wenn sie Mama helfen könnte. Also räumte Luzie alles ordentlich in ihre Spielzeugkiste zurück.

„Danke, Luzie", sagte ihre Mama erfreut. „Du bist aber ein liebes Mädchen."

Am Nachmittag kam Luzies Oma wieder zu Besuch. Luzie lief unaufgefordert zu ihr hin und gab ihr einen dicken Kuss. „Hallo, Luzie!", sagte ihre Oma glücklich. „Wie schön, dich zu sehen."

Luzie und ihre Oma spielten den ganzen Nachmittag miteinander. Sie malten Bilder und hatten viel Spaß zusammen.
Und alle ließen sich die leckeren Kekse schmecken, die Luzies Mama gebacken hatte.

Am Abend, als ihre Oma nach Hause gegangen war, wollte Luzie spielen.
„Spiel bitte leise", sagte ihre Mama. „Max schläft."
Luzie wollte aber lieber laut spielen, und sie fing an, auf dem Boden herumzuhüpfen.
Aber dann fiel ihr wieder ein, was der Engel gesagt hatte.

Max war noch nicht wach geworden, also schlich Luzie auf Zehenspitzen durchs Zimmer und holte sich ein Buch. Sie setzte sich ganz leise auf ihren Sitzsack und war die ganze Zeit über mucksmäuschenstill.

So vergingen die Wochen, und Luzie war fast nie mehr ungezogen.
Eines Tages hatten Mama und Papa eine Überraschung für Luzie.

„Du bist in letzter Zeit so ein liebes Mädchen gewesen, dass wir jetzt ein Geschenk für dich haben."

Papa gab Luzie eine Schachtel. Darin lag eine wunderschöne Halskette. Und an der Halskette hing ein kleiner Engel.

„Ein eigener Engel für unseren kleinen Engel", sagte ihre Mama und hängte Luzie die Kette um den Hals.
„Oh, danke schön!", rief Luzie freudestrahlend und drückte ihre Mama und ihren Papa ganz fest.